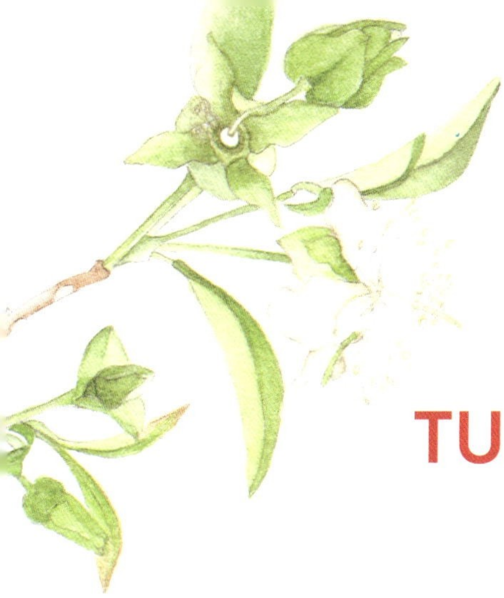

TUDO QUE VOCÊ QUERIA SABER SOBRE
PLANTAS

Sueli Ângelo Furlan

ilustrações de Luana Geiger
e Maria Lúcia Gomide

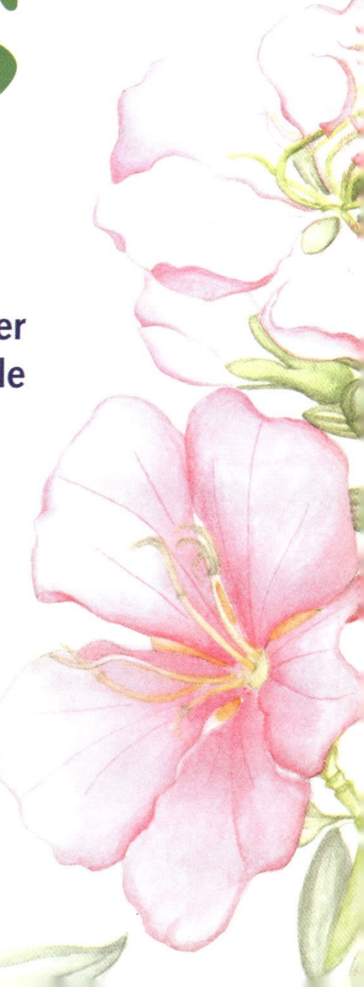

© Copyright 2007 Oficina de Textos
1ª reimpressão 2010

Grafia atualizada conforme o Acordo Ortográfico da Língua Portuguesa de 1990, em vigor no Brasil a partir de 2009.

COORDENAÇÃO EDITORIAL Ana Paula Ribeiro
CAPA Heloisa Hernandez
ILUSTRAÇÕES BOTÂNICAS Maria Lúcia Gomide
ILUSTRAÇÕES Luana Geiger
EDIÇÃO DE TEXTO Ana Paula Ribeiro
PREPARAÇÃO DE TEXTO Gerson Silva
PROJETO GRÁFICO e DIAGRAMAÇÃO
Heloisa Hernandez
REVISÃO DE TEXTO Alessandra Biral e Maurício Katayama

Dados Internacionais de Catalogação na Publicação (CIP)
(Câmara Brasileira do Livro, SP, Brasil)

Furlan, Sueli Ângelo
  Tudo que você queria saber sobre plantas /
Sueli Ângelo Furlan; ilustrações de Luana Geiger
e Maria Lúcia Gomide. -- São Paulo : Oficina de
Textos, 2007. -- (Coleção decifrando.a.terra.br)

ISBN 978-85-86238-68-0

1. Mata Atlântica (Brasil) 2. Plantas - Literatura
infantojuvenil 3. Plantas endêmicas 4. Plantas
exóticas 5. Plantas nativas I. Geiger, Luana
II. Gomide, Maria Lúcia. III. Título. IV. Série.

07-3474   CDD-028.5

Índices para catálogo sistemático
1. Plantas : Literatura infantojuvenil   028.5

 Mais informações no site
http://www.ofitexto.com.br/sobreplantas

Todos os direitos reservados
à **Oficina de Textos**
Rua Cubatão, 959
04013-043 – São Paulo – SP – Brasil
tel. (11) 3085 7933   fax (11) 3083 0849
site: www.ofitexto.com.br   e-mail: ofitexto@ofitexto.com.br

Muitos pesquisadores têm afirmado que o Brasil é o país da megadiversidade, ou seja, um dos países mais ricos em espécies. Porém, muitos deles não sabem que grande parte da vegetação que admiramos nas nossas paisagens e que as plantas que participam de nossa alimentação, nosso vestuário e da medicina popular representam uma combinação de plantas nativas e exóticas. Essa natureza tão rica e a nossa cultura mestiça promoveram outra riqueza: o uso de uma grande variedade de plantas em nosso dia a dia.

Muitas plantas que participam de nossa vida foram introduzidas ao longo da história do Brasil, vindas de outros países, de outros continentes.

Plantas nativas também foram escolhidas e domesticadas há centenas de anos pelos povos indígenas, e acompanham nossa trajetória de vida. Você sabe quais são elas? Afinal, o que é uma planta exótica? O que é uma planta nativa? Como as plantas de outros lugares chegaram ao Brasil? Qual é a importância das plantas nativas em nosso dia a dia?

Neste livro, mostraremos um pouco da geografia das plantas exóticas e nativas nos hábitos dos brasileiros.

Sempre gostei de plantas. Hoje sou adulta e dou aulas sobre a geografia das plantas em uma universidade. Sou tão apaixonada por esse assunto que vivo contando aos meus filhos curiosidades sobre elas. Gostaria também de contar neste livro algumas histórias de plantas, mas essa tarefa não é fácil. Então, vou fazer isso do mesmo modo como descobri que as plantas estão presentes em nosso dia a dia e como é importante conhecer um pouco mais sobre elas.

Logo cedo, aqui em casa, acordamos para tomar café. Café? Não é o café uma planta? Café com leite e pão? Pão, que é feito de trigo. Outra planta! O leite, todo mundo sabe, não vem de plantas, mas já ouvi falar de leite de soja... Outra planta!

> Já que iniciamos o dia nos alimentando de plantas, que tal saber de onde vêm algumas tão familiares em nossa vida?

DE ONDE VÊM AS PLANTAS EXÓTICAS?

Você sabia que muitas plantas viajaram muito até chegar ao Brasil? Por isso, são chamadas de **exóticas**. No estudo das plantas, a palavra "exótica" quer dizer que a planta não pertence à vegetação que se originou naquele lugar. Já quando falamos de plantas **nativas** do Brasil, estamos nos referindo àquelas que se originaram aqui mesmo, nos diferentes tipos de vegetação brasileira.

Na geografia das plantas, é comum muitas delas viajarem o mundo acompanhando as pessoas, trazidas por acaso em embarcações, ou pelos ventos, pelas correntes marítimas, por animais, entre outras formas.

Para entender o caminho percorrido pelas plantas exóticas, é preciso saber onde elas supostamente surgiram e como foram **domesticadas** pelo homem.

Dizemos que uma planta ou um animal são domesticados quando o homem os cultiva ou cria e vai selecionando, ao longo de gerações, as características de seu interesse. Por exemplo, o **milho** sofreu muitas modificações até se tornar como o conhecemos hoje. A planta que lhe deu origem era muito pequena, semelhante a uma gramínea. Seu nome era **teosinte**. Com o passar do tempo, ela foi sendo cultivada, criada e selecionada; atualmente, encontramos numerosas variedades: diversas formas de espigas, sementes com todos os tipos de cores (brancas, amarelas, alaranjadas, vermelhas e até pretas). O milho teve origem no México, foi domesticado há cerca de 4.000 anos e levado para a Europa somente no século XV. No Brasil, seu cultivo iniciou-se com a chegada dos colonizadores, mas os indígenas já consumiam esse cereal há muito tempo.

Teosinte

Diferentes tipos de milho

Afinal, de onde vem o café?

O **café** teve origem na Etiópia, país do leste da África. Diz a lenda que o café foi observado pela primeira vez por um pastor, na Absínia (atual Etiópia). Ele notou que suas cabras ficavam mais alegres e saltitantes ao consumir o fruto. Os primeiros povos a cultivar e a beber o café foram os árabes.

A princípio, os frutos do café eram fervidos em água, e essa infusão era utilizada para fins medicinais. Somente no século XVI, na Pérsia, os primeiros grãos de café foram torrados para se transformar na bebida que conhecemos hoje.

Em 1475, surgiu em Constantinopla a primeira loja de café do mundo. Posteriormente, o fruto chegou à Europa levado por navegantes e aventureiros holandeses, alemães e italianos.

Triagem do café

O crescente mercado consumidor europeu permitiu a expansão do plantio de café em países africanos e a sua chegada ao Novo Mundo. Pelas mãos dos colonizadores europeus, o café chegou ao Suriname, a São Domingos, Cuba, Porto Rico e às Guianas. Por meio das Guianas, chegou à Região Norte do Brasil.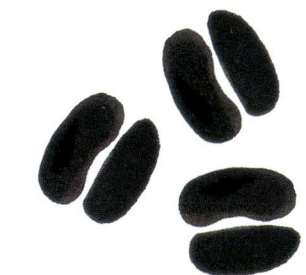

No Brasil, a cultura do café foi introduzida inicialmente no Pará. Depois percorreu o Nordeste até chegar ao Sudeste, no Estado do Rio de Janeiro. Sua chegada a São Paulo se deu pelo Vale do Rio Paraíba do Sul. No Estado de São Paulo, interiorizou-se, acompanhando as terras férteis das regiões de Campinas e Ribeirão Preto, e expandiu-se para o oeste do Estado até alcançar o norte do Paraná.

Por ser uma região propícia para o cultivo, o Estado de São Paulo tornou-se o grande produtor de café. A cafeicultura brasileira desenvolveu-se no século XIX, destacando-se entre as culturas de exportação do País.

Apesar de crises econômicas ao longo dos anos, o Brasil é um dos maiores produtores mundiais de café. Nosso país também é o segundo mercado consumidor de café, atrás somente dos Estados Unidos.

Lavoura de café

O caminho do flamboyant...

O **flamboyant**, também conhecido como cachoeiro, é uma belíssima árvore exótica, trazida de Madagáscar para nosso país no início do século XIX. Hoje, está ameaçado de extinção no próprio lugar de origem. Adaptou-se bem em toda a América Tropical, principalmente no Caribe e no Brasil.

É comum nas áreas rurais, embelezando a paisagem com suas flores intensamente vermelhas, além de ser muito utilizado na arborização urbana de ruas e praças. Mas, antes de escolher o flamboyant para plantar, é preciso lembrar que se trata de uma árvore bem alta (podendo chegar a 10 metros), com copa ampla e raízes muito superficiais, que podem rachar calçadas. Por esse motivo, recomenda-se seu plantio em praças, parques e grandes espaços livres.

Flamboyant (flamejante)

... e do eucalipto

Não existe apenas uma espécie de **eucalipto**, mas cerca de 800, todas originárias da Austrália. As diversas espécies têm as mais variadas aplicações: de simples caixotes para transportar frutas até nobres funções em construção naval e em edifícios e pontes. O eucalipto foi introduzido no Brasil, no início do século XX, como combustível para mover as máquinas a vapor. Pelo rápido crescimento, muitas áreas do País foram florestadas com eucaliptos, empregados na produção de dormentes para a construção de ferrovias e na fabricação de papel e celulose.

Como outras plantas exóticas, o eucalipto preocupa pelos impactos ambientais que ocasiona ao substituir as florestas nativas. São males da monocultura, que elimina a diversidade e a riqueza de plantas e da fauna.

Alguns eucaliptos têm boa capacidade de superar condições difíceis, como longos períodos secos no solo. Algumas espécies são muito bem-sucedidas na captação de água, reduzindo a quantidade de líquido destinada a outras plantas; outras podem eliminar plantas competidoras, razão pela qual o eucalipto não é uma boa opção em encostas ou outras situações em que exista a possibilidade de erosão dos solos.

Eucalipto

Outro dia, caminhando pela feira com minha mãe, ouvi um feirante aos berros:
— Maçã argentina, gala e fuji.... doce, doce, doce. Vai levar?!
E continuou:
— Menina bonita não paga, mas também não leva!

Sem querer ofender o paladar de ninguém, nem contrariar os interesses do feirante, gostaria de saber se argentina, gala e fuji são as origens dessas maçãs...

A **maçã** foi introduzida no Brasil no início do século XX, pelos imigrantes europeus. A macieira é uma árvore frutífera típica de clima temperado – tem suas origens nas montanhas do Cáucaso, Oriente Médio e Leste Asiático. Nas Américas, é cultivada desde 1800. É, portanto, uma planta domesticada e exótica no Brasil.

As maçãs gostam de frio. As variedades da família gala, por exemplo, necessitam de um inverno com cerca de 700 horas de frio (temperatura abaixo de 7°C), para que haja uma boa colheita. As maçãs podem ser conservadas em geladeiras e armazéns resfriados, sem perder seu valor nutritivo. Você já observou que essa fruta dura vários dias, mesmo fora da geladeira?

Por essa característica, ela é uma importante fonte alimentícia em todos os climas frios ao longo da história. A macieira é, provavelmente, a árvore cultivada há mais tempo no mundo. No Brasil, ela é cultivada para o comércio desde a década de 1960, nas regiões mais frias.

Comer uma maçã por dia pode fazer muito bem à saúde. Essa fruta dificulta a absorção das gorduras e da glicose, é boa para o coração e auxilia no funcionamento do intestino.

Até a década de 1970, a maior parte das maçãs consumidas no Brasil era importada, principalmente da Argentina. Nesse período, alguns produtores pesquisaram novas variedades que pudessem adaptar-se às condições climáticas do sul do Brasil e oferecessem uma sensação prazerosa ao paladar (crocância e sabor). As variedades gala, da Nova Zelândia, e fuji, do Japão, são as preferidas pelos brasileiros e hoje totalizam cerca de 95% da produção nacional.

Será que Carmem Miranda sabia que a maioria das frutas que usou para representar nosso país tropical não é brasileira?

Muitas das frutas apreciadas pelos brasileiros não são nativas do Brasil.

Frutas exóticas são aquelas que foram introduzidas no Brasil por viajantes, colonizadores, curiosos ou mesmo acidentalmente. Calcula-se que mais de 3.000 espécies de frutas exóticas conhecidas até o momento foram transportadas no mundo pelo homem.

Por outro lado, não há nenhuma estimativa sobre o número de frutas nativas utilizadas pelo homem, ou seja, sabemos mais sobre frutas exóticas que viajaram pelo mundo do que sobre as próprias frutas do País.

No Brasil, as primeiras frutas exóticas foram introduzidas pelos colonizadores portugueses, que trouxeram espécies tropicais de outras regiões do mundo. A bananeira parece ter sido uma das primeiras frutas transportadas do Oriente para o Brasil. Sem a banana, não teria ocorrido a industrialização em São Paulo, no século passado. Por serem alimentos baratos, arroz, feijão e banana foram a base alimentar de muitos operários nas décadas de 1940 e 1950.

Mas não foi somente a América Tropical que recebeu plantas exóticas dos colonizadores. Muitas plantas nativas daqui foram levadas à Europa e fizeram grande sucesso por lá. É o caso do tomate, de origem sul-americana e que se tornou ingrediente principal do molho de tomate para as apetitosas macarronadas italianas. A batata, muito popular na dieta do mundo atual, tem sua origem nos Andes. A invenção da batata frita na França só foi possível depois do seu traslado para a Europa. Hoje, com a Internet, o sucesso de uma fruta ou de qualquer outro alimento é divulgado com extrema facilidade, e seu potencial de cultivo viaja rapidamente pelo mundo.

FRUTAS EXÓTICAS MAIS POPULARES ENTRE OS BRASILEIROS

Nome popular e científico:
Quivi, Kiwi (*Actinidia deliciosa*)
Origem:
Regiões montanhosas do sudeste da China
Data de sua introdução:
1970

Nome popular e científico:
Manga (*Magifera indica*)
Origem:
Índia e Burma
Data de sua introdução:
Século XVI, pelos colonizadores portugueses

Nome popular e científico:
Jaca (*Artocarpus heterophylus Lam.*)
Origem:
Índia, mas ocorre em toda a Ásia Tropical
Data de sua introdução:
Século XVI, pelos colonizadores portugueses

Nome popular e científico:
Mamão papaia (*Carica papaya Lam.*)
Origem:
América Tropical (Central)
Data de sua introdução:
Incerta

Nome popular e científico:
Mexerica (*Citrus deliciosa*)
Origem:
Mediterrâneo
Data de sua introdução:
Século XVI, pelos colonizadores portugueses

Nome popular e científico:
Uva niágara (*Vitis labrusca*)
Origem:
América do Norte
Data de sua introdução:
Século XVI

Nome popular e científico:
Banana (*Musa paradisiaca*)
Origem:
Asiática
Data de sua introdução:
Século XVI, pelos colonizadores portugueses

Nome popular e científico:
Maçã (*Malus domestica*)
Origem:
Ásia Menor
Data de sua introdução:
1926

Nome popular e científico:
Laranja doce (*Citrus sinensis*)
Origem:
Sul da China e nordeste da Índia
Data de sua introdução:
Século XVI, pelos colonizadores portugueses

Nome popular e científico:
Morango (*Fragaria ananassa*)
Origem:
Cruzamento acidental que ocorreu na Europa, em 1750, do morango chileno (*Fragaria chiloensis*) com o morango americano (*Fragaria virginiana*)
Data de sua introdução:
O cultivo para o comércio começou em 1960

Imagens: www.sxc.hu

QUAIS PLANTAS SURGIRAM NO BRASIL?

Depois de alguns anos de estudos sobre as plantas brasileiras, continuo curiosa sobre sua história.

As plantas nativas passaram a maior parte de sua história nos ambientes onde ocorrem, e muitas vezes são encontradas somente nesse local. Os ambientes transformam-se e todo um conjunto de organismos acompanha essa transformação. Quando se encontra uma planta (ou um animal) apenas num local, os pesquisadores consideram essa planta nativa como **endêmica** do lugar. Quer dizer que ela é exclusiva daquele lugar.

O palmito-juçara (*Euterpe edulis*) é uma palmeira endêmica da mata atlântica. Sua ocorrência natural está associada à história dessas florestas. Os açaís (*Euterpe oleracea* e *Euterpe precatoria*), outras palmeiras, são considerados espécies-irmãs do palmito-juçara e ocorrem na Amazônia. Portanto, o açaí é endêmico das florestas amazônicas. Essas palmeiras tiveram uma história genética que permitiu sua transformação, mas mantiveram algumas características genéticas que as aproximam.

O jerivá ou baba-de-boi é uma palmeira que produz um coquinho muito apreciado pelo caxinguelê, um esquilo florestal. Ao observar o hábito alimentar desse animal, pesquisadores constataram que ele não aproveitava todos os frutos recolhidos no cacho da planta e abandonava metade de sua coleta de frutos sem danificá-los, por não conseguir perfurá-los.

Assim, o jerivá teria evoluído usando o caxinguelê como dispersor de suas sementes.

Outro elemento contribuiria para completar esse processo de disseminação. Um besouro que frequenta o cacho de frutos do jerivá obrigaria o caxinguelê a levar o coquinho para longe, antes de saber se conseguiria perfurá-lo ou não. Dessa forma, os frutos não aproveitados germinam em pontos distantes da árvore-mãe.

Orquídea
(*Laelia sincorana*)

VOCÊ SABIA QUE O BRASIL TEM UMA RIQUEZA ENORME DE PLANTAS NATIVAS?

O número total de plantas que se originaram no território brasileiro não é exato, mas a diversidade de plantas nativas do Brasil gira em torno de 50 mil espécies.

A maior diversidade na floresta ocorre com as Bromelaceas, Araceas, Orquidaceas.

A mata atlântica possui maior diversidade de orquídeas do que a Amazônia.

São milhares de plantas que têm importância para o ambiente e também participam de nossas vidas como plantas ornamentais (orquídeas, bromélias, samambaias); alimentícias (palmiteiro, mandioca); frutíferas (açaí, cupuaçu); fibrosas (piaçava, capim-dourado, babaçu); medicinais (baleeira, carqueja); aromáticas (andiroba, pitanga, priprioca); e oleaginosas (copaíba, pupunha).

Bromélia
(Tillandsia stricta)

ORIGEM DAS PLANTAS E COMO CHEGARAM AO BRASIL

 ### ARROZ

Origem: Sudeste asiático
Veio ao Brasil: da Espanha

 ### CAFÉ

Origem: Etiópia
Veio ao Brasil: da Guiana

 ### EUCALIPTO

Origem: Austrália
Veio ao Brasil: da Austrália

 ### FLAMBOYANT

Origem: Madagáscar
Veio ao Brasil: de Portugal

 ### TRIGO

Origem: Mesopotâmia (atual Iraque)
Veio ao Brasil: de Portugal

AMÉRICA

Em meus tempos de escola, um professor me deu uma dica que jamais esqueci: geralmente, as plantas nativas do Brasil têm nomes indígenas (caju, araticum, pequi, macaé, mangaba, abacaxi, araçá e muitas outras). Muitas localidades brasileiras adotaram o nome de plantas. Veja alguns exemplos:

Bocaiúva - fruto da palmeira macabá, macaúba, bocaiúva (macaé).

Curitiba - em tupi: lugar onde ocorre muito curi – pinheiro-do-paraná (Araucária).

Macapá - nome indígena dado ao pomar da fruta bacabá.

Cabreúva - Caburé-yba, árvore do caburé (uma pequena coruja, ou, na Amazônia, uma espécie de gavião).

A EXPLORAÇÃO DAS PLANTAS NATIVAS

Quando os colonizadores chegaram aqui, não descobriram o Brasil, mas sim nossas plantas. Muitas plantas nativas foram intensamente exploradas por eles, colocando em risco a própria existência delas.

A ganância econômica acarretou o extermínio de muitas plantas ao longo da nossa história. Nunca saberemos exatamente o que perdemos!

Após os primeiros contatos com os indígenas, os portugueses conheceram plantas nativas com as quais nunca tinham tido contato e logo começaram a utilizá-las. O **pau-brasil** foi uma dessas plantas. A tintura vegetal vermelha tinha grande valor no mercado europeu, pois a corte adorava essa cor nos tecidos da vestimenta dos nobres. A seiva do pau-brasil, de cor avermelhada, foi muito utilizada para essa finalidade. Para obter a tintura, era preciso cortar a árvore.

Já imaginou dizimar uma floresta para oferecer belas roupas à nobreza?!

Mas a devastação parece ter sido um pouco pior, pois a exploração predatória da mata atlântica não se limitou ao pau-brasil. Outras madeiras de alto valor para a construção naval, as edificações, a fabricação de móveis e outros usos – como tapinhoã, canela, canjerana e jacarandá – foram intensamente exploradas.

Na virada do século XIX, em Iguape, cidade do litoral sul do Estado de São Paulo, não havia mais essas árvores num raio de 60 km da cidade. O mesmo aconteceu em praticamente toda a faixa de florestas costeiras do Brasil.

RECIFE

SALVADOR

BRASÍLIA

RIO DE JANEIRO

FLORIANÓPOLIS

PORTO ALEGRE

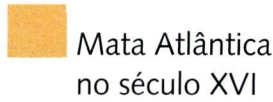

Mata Atlântica no século XVI

Mata Atlântica no começo do século XXI

No mesmo período de extração do pau-brasil, as terras férteis do nordeste do País, que estavam na mata atlântica, foram utilizadas para a produção de açúcar. A floresta era derrubada e, em seu lugar, surgiam imensos canaviais. A madeira ia para fornos a lenha, usados no processo de fabricação de açúcar, além de servir para fazer caixotes para o embarque do produto à Europa.

Depois do século XVII, a floresta continuou sendo derrubada para outros usos da terra. No século XVIII, a descoberta do ouro em Minas Gerais abriu grandes feridas na mata atlântica, mas foi a economia do café que mais a devastou. A cafeicultura começou a expandir-se ainda naquele século e arrastou-se até a metade do século XIX, principalmente em São Paulo, Minas Gerais, Rio de Janeiro e Paraná.

O pau-brasil desenvolve-se principalmente em áreas costeiras baixas e em grandes planícies. Seu nome em tupi significa "madeira vermelha". É uma planta nativa ameaçada de extinção.

PLANTAS NATIVAS E EXÓTICAS DA MATA ATLÂNTICA

Aparentemente, a mata atlântica é formada por plantas que evoluíram no País. Estudando-a melhor, porém, vamos encontrar nela várias plantas que foram introduzidas pelo homem, por animais ou pelo vento.

A mata atlântica, hoje, é uma mistura de histórias e origens. Veja alguns exemplos:

Árvore:
Eritrina (*Erytrina speciosa*)
Origem:
Brasil

Árvore:
Ipê-rosa (*Tabebuia pentaphylla*)
Origem:
América Central

Árvore:
Ipê-amarelo (*Tabebuia chrysotricha*)
Origem:
Brasil

Árvore:
Pata-de-vaca (*Bauhinia variegata*)
Origem:
Índia

Árvore: Paineira (*Chorisia speciosa*)
Origem: Brasil

Quando eu era criança, minha mãe fazia verdadeiros discursos sobre os alimentos e a saúde, na hora das refeições. Hoje eu também faço isso com meus filhos, explicando a eles o que é bom de comer e por quê.

Somos os únicos seres vivos que se alimentam por diferentes motivos. Comemos porque temos fome e precisamos, mas também porque estamos alegres, ansiosos, tristes, sós ou acompanhados, em festas ou em funerais. Sempre estamos comendo algo.

Mas, o que as plantas têm a ver com isso? As plantas nativas ou exóticas são selecionadas de acordo com nossos gostos e interesses. Hoje, com a globalização, é bem provável que tenhamos uma alimentação muito parecida no mundo todo. Mesmo assim, precisamos aprender a nos alimentar para manter uma dieta adequada, uma boa saúde e, assim, realizarmos nossas atividades.

Nesse caso, todos os dias, o ideal é ingerir no mínimo 500 gramas de frutas, legumes e vegetais crus, em cinco cores e cinco variedades diferentes, como recomendam os especialistas em saúde.

PLANTAS IMPORTANTES NA ALIMENTAÇÃO DO BRASILEIRO

NATIVAS

FEIJÃO

Desde criança, sempre ouvi dizer que é preciso comer feijão, pois ele faz bem à saúde. Na verdade, saber fazer um bom feijão era minha tarefa doméstica.

Nós, brasileiros, nos alimentamos de uma grande variedade de **feijões**: preto, roxinho, carioquinha, jalo, entre tantos outros. Essas sementes tão valiosas para nossa nutrição nascem em vagens e, por isso, estão no grupo de plantas chamadas **leguminosas**.

Existem várias hipóteses para explicar a origem do feijão. Os arqueólogos dizem que, cerca de 10.000 anos a.C., o feijão já era utilizado no Peru, país da América do Sul. É provável que tenha sido transportado para a América do Norte, onde os povos indígenas já utilizavam feijões na alimentação. Há hipóteses de que a domesticação dos feijoeiros selvagens ocorreu no México.

Também há referências de que existiam cultivos de feijão na Grécia Antiga e no Império Romano, onde o feijão era usado nas votações: o feijão branco representava um sim e o feijão preto, um não.

O feijão aparece também nos textos bíblicos, em registros históricos no Egito, nas ruínas de Tróia e nas cortes inglesas e francesas, onde fazia parte da dieta dos guerreiros.

Há indícios de que o feijão americano foi levado para a Europa em 1540, e seu cultivo livrou aquele continente da fome, aumentando a expectativa de vida das pessoas.

No Brasil, por volta do século XVI, os povos indígenas chamavam o feijão de "comanda" e o comiam com farinha de mandioca. Quando os portugueses chegaram aqui, aderiram a essa importante refeição e espalharam os feijões por todo o Brasil. Os portugueses trouxeram receitas com alguns ingredientes, como orelha, focinho, rabo e linguiça de porco. Há quem diga que a feijoada começou a ser feita nas senzalas, a partir de 1549, com a chegada dos primeiros escravos da África.

O prato "feijão com arroz" (ou "arroz e feijão") é um dos mais típicos dos brasileiros, acompanhado com alguma "mistura" (nome comum, no Estado de São Paulo, para qualquer alimento que acompanhe o arroz e feijão, como bife ou batata frita, por exemplo).

O consumo de feijão em quantidades médias ou grandes está associado à diminuição do desenvolvimento de algumas doenças, como o diabetes, a obesidade, os problemas cardíacos e até mesmo o câncer.

MANDIOCA

Uma planta muito consumida pelos brasileiros é a **mandioca**, uma raiz domesticada pelos povos indígenas que serviu de base para a alimentação dos escravos e também foi apreciada pelos colonizadores portugueses.

A mandioca viajou o mundo. Foi levada em 1558 para a África, onde se tornou um produto muito importante, pois é uma planta resistente à seca. Nos dias de hoje, é comumente consumida cozida ou frita, em pedaços. No entanto, também pode ser ralada e assada em fornos, para a produção da farinha de mandioca.

Tapioca, beiju, pirão e mingau são alguns alimentos deliciosos feitos com farinha de mandioca.

Como possui um baixo conteúdo nutritivo, a mandioca deve ser consumida com outros alimentos.

EXÓTICAS

TRIGO

Vamos falar agora do pãozinho!
Entre os vários tipos de farinha utilizados na produção de pães, uma farinha é a campeã: a de trigo, que também é usada em bolos, tortas e massas em geral.

Pão e trigo

O **trigo** é o cereal mais importante para a produção de alimentos e a base alimentar de muitos povos. Foi domesticado na antiga Mesopotâmia (atual Iraque). Arqueólogos descobriram que o cultivo de trigo é originário da Síria, Jordânia, Turquia e Iraque. Porém, como toda planta domesticada, o homem procurou modificá-la para tornar maiores as suas sementes. Por ficarem muito pesadas, as sementes não podiam mais ser espalhadas pelo vento. Assim, essa planta só sobreviveu graças ao cultivo desenvolvido pelo homem.

No Brasil, as primeiras culturas surgiram com os portugueses, quando as naus de Martim Afonso de Sousa trouxeram as primeiras sementes para as terras da Capitania de São Vicente, de onde o trigo foi difundido por todas as capitanias, invadindo a Ilha de Marajó, cujas plantações mais tarde tornaram-se famosas.

Cultivo de trigo

ARROZ

O **arroz** foi domesticado há muito tempo: na Índia, aproximadamente em 4530 a.C., e na China, entre 3280 e 2750 a.C. Mas não existem provas suficientes para se ter certeza de qual foi o primeiro lugar de domesticação. Seu cultivo no Brasil teve início no período colonial.

É cultivado em terras encharcadas, em pântanos e também em terras mais secas. Pode ser consumido cozido ou como farinha. Do ponto de vista nutritivo, é um excelente alimento. Faz parte da cultura e da tradição de muitos povos. No Japão, o arroz é parte essencial da alimentação de seu povo. Na África Ocidental, as pessoas recebem seus convidados com pratos preparados basicamente com esse cereal. No Brasil, o arroz tornou-se o companheiro inseparável do feijão.

O Brasil é um dos grandes produtores mundiais de arroz, apesar de essa produção ter começado há poucos séculos – se comparado, por exemplo, com a Ásia.

Colheita de arroz

CANA-DE-AÇÚCAR

O que usávamos para adoçar as coisas antes do açúcar?

O açúcar é fabricado a partir da **cana-de-açúcar**, uma gramínea originária da Nova Guiné, de onde foi disseminada para o mundo. Antes da invenção do açúcar, as duas fontes de sabor doce no mundo eram o mel e a cana, mas não em forma de açúcar.

Os persas podem ter sido os pioneiros no desenvolvimento da produção de açúcar na forma cristalizada. Os árabes e os egípcios aprenderam com os persas a produzir açúcar sólido. Assim, por volta dos séculos X e XI, estabeleceram-se verdadeiras "rotas do açúcar" entre os países asiáticos e africanos.

Por centenas de anos, o açúcar foi considerado uma especiaria rara e valiosa. Somente após o descobrimento da América e com a introdução de novas técnicas, a produção comercial do açúcar expandiu-se e ele passou a ser acessível a todas as camadas sociais.

Embora se admita a existência da cana-de-açúcar como planta nativa no continente americano, sua industrialização ocorreu, no caso do Brasil, a partir de mudas provenientes da Ilha da Madeira (pertencente a Portugal).

A cana-de-açúcar também é utilizada para produzir álcool, um combustível para veículos que polui menos o ar, mas requer grandes áreas para o cultivo da cana. Isso pode resultar em uma nova onda de desmatamentos. Atraídos pelo lucro que esse biocombustível pode trazer, muitos agricultores já pensam em abandonar outras culturas, o que pode ser um problema para nossa agricultura.

PLANTAS EXÓTICAS: UM PROBLEMA PARA A BIODIVERSIDADE

Você sabia que muitas plantas foram introduzidas por sua beleza e função ornamental e depois se alastraram, colocando em risco a flora nativa de muitas localidades?

Quando chegam a determinado ambiente, muitas plantas exóticas podem propagar-se de forma desastrosa, colocando em risco a fauna e a flora nativas. Charles Darwin, em meados do século XIX, foi um dos primeiros naturalistas a apontar o problema da invasão do cardo na Argentina e no Chile. O cardo é uma planta africana (do Marrocos), muito espinhenta, que cresce como arbusto, criando uma grande massa vegetal. Quando esteve na Argentina, Darwin observou que essa planta impedia o trânsito de cavalos, meio de transporte utilizado na época.

A seguir, algumas plantas exóticas que têm causado problemas em vários lugares do País.

Cardo

Planta: *Pinus ellioti*
Nome comum: Pinheiro amarelo
Origem: América do Norte
Problemas: Disputa espaço com as árvores nativas e retira nutrientes do solo. Com a dispersão das sementes, por meio dos ventos, pode invadir áreas protegidas.

Planta: *Melia azedarach*
Nome comum: Cinamomo
Origem: Índia e China
Problemas: Invade florestas, substitui espécies nativas e reduz a diversidade alimentar para a fauna.

Planta: *Bracchiaria sp*
Nome comum: Braquiária
Origem: África
Problemas: Impede o desenvolvimento das gramíneas e dos campos nativos. Na Ilha do Castilho, entre os Estados de São Paulo e Paraná, a braquiária está substituindo a vegetação rasteira nativa, diminuindo a área onde as aves fazem os ninhos.

PLANTAS EXÓTICAS NOS AJUDAM A RESOLVER PROBLEMAS

Você sabia que é muito importante manter pequenos capões ou bosques de matas em áreas de pastagem? Sabia que algumas plantas também reduzem a poluição em ambientes aquáticos?

Pequenos bosques de matas em áreas de pastagem criam condições de sobrevivência para a fauna de um modo geral. Eles facilitam principalmente a preservação de algumas espécies arbóreas e arbustivas. Fornecem também abrigo suficiente para manter o gado reunido, desfrutando a sombra.

A distância entre os pequenos bosques deve permitir que os animais silvestres se desloquem entre eles. O objetivo de manter essa biodiversidade no interior das pastagens é garantir a sobrevivência de pequenas manchas de florestas e também auxiliar no controle de pragas. A manutenção de bosques nativos é ideal, mas muitas espécies exóticas de crescimento rápido também são utilizadas nessas ilhas de vegetação, como a acácia-negra (1), a grevílea (2) e os eucaliptos (3), todas australianas.

Outra espécie exótica que nos ajuda a resolver problemas é o **aguapé**, planta aquática originária da América do Norte e da América do Sul. Embora viva suspensa, flutuando sobre lagos, represas e rios, ela também pode enraizar-se. Além de servir como abrigo natural a organismos de diversos tamanhos, é o hábitat de uma fauna bastante rica, como microrganismos, moluscos, insetos, peixes, anfíbios, répteis e aves.

Quando bem aproveitado, o aguapé traz muitos benefícios. Uma de suas principais vantagens é que funciona como filtro natural. Se um lago ou um reservatório estiverem poluídos, coloca-se neles essa planta. Suas raízes longas e finas, com uma enorme quantidade de bactérias e fungos, permitem que ela assimile componentes tóxicos. O único cuidado é vigiar seu crescimento para mantê-la sempre sob controle. Quando deixado nas águas, sem uso, o aguapé pode prejudicar a navegação, por causa de sua rápida proliferação.

Aguapé

NATIVAS EM EXTINÇÃO

Muitas plantas nativas são coletadas e extraídas com uma velocidade tal que ficam sob risco de extinção. A própria história de nosso país começa com a extração do pau-brasil, muito exportado em navios para a Europa e que foi praticamente extinto. Outras vezes, o ambiente onde vivem as plantas endêmicas sofre desmatamento para outros usos; aí o seu hábitat vai se reduzindo, até um dia acabar de vez.

Para incentivar a conservação e evitar a extinção de espécies nativas e endêmicas, o Ministério do Meio Ambiente mantém uma lista das plantas mais ameaçadas, em perigo de extinção. Nesse caso, é totalmente proibido colher qualquer uma em seu hábitat.

As plantas são extraídas e comercializadas para diversas finalidades. A arnica, o óleo de nhamuí ou sassafrás e o jaborandi são plantas extraídas com fins medicinais e aromáticos. Na produção de madeira, destacam-se o mogno, o pau-de-rosa e a castanheira, da Amazônia; a aroeira-do-sertão, da Região Nordeste; o jequitibá, do Rio de Janeiro; e a araucária, o pinheiro que é símbolo do Estado do Paraná.

Entre as plantas ornamentais ameaçadas de extinção, estão as belas orquídeas e bromélias, típicas da mata atlântica. O samambaiaçu-imperial, da mesma floresta atlântica, é o nosso conhecido xaxim e também está em perigo. Com bom valor comercial, foi extraído desenfreadamente para a fabricação de vasos e placas de suporte para plantas ornamentais.

Hoje, ensino aos meus filhos que a extinção de uma espécie é uma perda irreparável para a natureza e, consequentemente, para nós. Quando isso acontece, perde-se para sempre um material genético que poderia ter permanecido e evoluído, aumentando a riqueza genética, que é fundamental para a vida no Planeta. A perda de uma espécie desequilibra o ecossistema onde ela desempenha seu papel e pode conduzir à extinção de outra espécie que dela dependa. Em cadeia, isso pode provocar um desastre ambiental.

Sueli Ângelo Furlan é biogeógrafa com graduação em Biologia, mestrado e doutorado em Geografia. Professora da Universidade de São Paulo (USP), atua nas seguintes áreas: biogeografia, conservação ambiental, geografia cultural, políticas públicas, mata atlântica e unidades de conservação. Sua familiaridade com o mundo editorial é retratada por uma extensa produção. Recebeu o prêmio Jabuti pela Câmara Brasileira do Livro, em 1997.

Luana Geiger é membro da Sociedade de Ilustradores do Brasil (SIB) e atua no mercado editorial desde 2000. Em 2002, participou do catálogo e exposição Images 26, da Association of Illustrators, em Londres. Em 2006, desenvolveu oficinas de ilustração no Senac, o que resultou em sua participação no evento Ilustra Brasil!3.

Maria Lúcia Gomide é formada em Geografia e fez vários cursos de Artes Plásticas e Ilustração Botânica. Já participou de exposições e concursos, como o V Concurso de Ilustração Botânica, da Fundação Botânica Margaret Mee, e o I Concurso Internacional de Ilustração de Bromélias. Atualmente estuda a cultura do povo indígena Xavante e participa de vários projetos sobre o assunto.

Educador

Para mais informações sobre o assunto deste livro e atividades didáticas, visite nosso site: http://www.ofitexto.com.br/sobreplantas